Modesta proposta

FUNDAÇÃO EDITORA DA UNESP

Presidente do Conselho Curador
Herman Jacobus Cornelis Voorwald

Diretor-Presidente
José Castilho Marques Neto

Editor-Executivo
Jézio Hernani Bomfim Gutierre

Conselho Editorial Acadêmico
Alberto Tsuyoshi Ikeda
Áureo Busetto
Célia Aparecida Ferreira Tolentino
Eda Maria Góes
Elisabete Maniglia
Elisabeth Criscuolo Urbinati
Ildeberto Muniz de Almeida
Maria de Lourdes Ortiz Gandini Baldan
Nilson Ghirardello
Vicente Pleitez

Editores-Assistentes
Anderson Nobara
Fabiana Mioto
Jorge Pereira Filho

COLEÇÃO
PEQUENOS FRASCOS

JONATHAN SWIFT

MODESTA PROPOSTA
&
OUTROS TEXTOS SATÍRICOS

TRADUÇÃO
JOSÉ OSCAR DE ALMEIDA MARQUES
DOROTHÉE DE BRUCHARD

© 2002 da tradução Editora Unesp

Títulos dos originais em inglês:
A Modest Proposal (1729)
Meditation upon a Bromm-Stick (1703)
A Tritical Essay upon the Faculties of Mind (1707)
The Bickerstaff Papers (1708-1709)

Fundação Editora da Unesp (FEU)
Praça da Sé, 108
01001-900 – São Paulo – SP
Tel.: (0xx11) 3242-7171
Fax: (0xx11) 3242-7172
www.editoraunesp.com.br
www.livrariaunesp.com.br
feu@editora.unesp.br

CIP – Brasil. Catalogação na fonte
Sindicato Nacional dos Editores de Livros, RJ

S979m

Swift, Jonathan, 1667-1745
    Modesta proposta e outros textos satíricos / Jonathan Swift; tradução José Oscar de Almeida Marques, Dorothée de Bruchard. – São Paulo: Editora Unesp, 2005. (Pequenos frascos)

    Tradução de: A modest proposal (1729)- Meditation upon a bromm-stick (1703)- A tritical essay upon the faculties of mind (1707)- The Bickersaff papers (1708-1709)

    ISBN 85-7139-597-7

    1. Sátira política irlandesa. 2. Irlanda – Política e governo – Século XVIII – Humor, sátira, etc. I. Marques, José Oscar de Almeida. II. Bruchard, Dorothée de, 1958-. III. Título. IV. Série.

05-1259   CDD 828.99157
                                                                 CDU 821.111(415)-7

Editora afiliada:

Sumário

7 . Prefácio à guisa de antepasto

13 . Sobre o autor

17 . Modesta proposta

39 . Meditação a respeito de um cabo de vassoura

45 . Ensaio irrefutável sobre as faculdades do espírito

59 . Os manuscritos Bickerstaff

Prefácio
À GUISA DE ANTEPASTO

– I –

Como se sabe, a lógica das situações extremas pode ser um formidável instrumento de revelação e descoberta. Mas, ao mesmo tempo, as situações extremas não "existem" propriamente – elas só passam a esse estatuto quando *percebidas*. Muitas vezes, colocamo-nos a seu lado e não nos damos conta. É preciso que algum excêntrico as descole da "normalidade", com a sugestão de soluções malucas. O excêntrico, nesse caso, provoca o efeito brechtiano do estranhamento e faz aparecer como problema, como transitório e como incômodo aquilo que usamos tomar como normal, permanente e aceitável.

Por vezes, o excêntrico acredita na solução que desenha. É preciso, então, distinguir as duas coisas e moderar o entusiasmo pelo engenho proposto, ao mesmo tempo que reconhecemos a realidade do fato detonador. Em outros casos – certamente o de nosso Swift –, a excentricidade é propositional e metodológica, como a famosa dúvida de um certo Cartesius. O leitor encontrará, nestes flagrantes satíricos que publicamos, uma notável amostra dessa operação de descolamento da realidade corriqueira, ou antes, daquilo que é tido como tal.

Ano de 1729, primeira publicação da "Modesta proposta" – em que tempo estamos, quando lemos Swift? Ainda não estamos tão distantes do mundo descrito por Thomas Morus, no século XVI, aquele em que as ovelhas devoram os homens, empurrando multidões de famintos para o desespero e a agonia. Mas ainda não estamos no mundo das crianças retratadas em cores lúgubres por Dickens, em um romantismo triste que se opõe ao romantismo eufórico, aquele que cantava o progresso da urbe: o ar das cidades, mais do que tornar os homens livres, escraviza, brutaliza, corrompe e consome corpos e almas. Ainda não estamos no interior da perplexidade causada pelos desenhos da série negra de Goya, em que o tempo come seus filhos e os sonhos da razão produzem monstros. Mas estamos ainda na maré do otimismo leibniziano, em que o mal pontualmente percebido enquadra-se em um universo, racional, de harmonias preestabelecidas. E, finalmente, estamos às vésperas da crítica mordaz de Voltaire a essa teodiceia dos cândidos. Esse é o tempo de Swift, quando o lemos em seu próprio tempo.

Em que tempo estamos hoje, quando *relemos* Swift? Um tempo em que há várias maneiras de devorar crianças e de fazer desse ofício uma indústria. A ironia de Swift desenha a figura de cozinheiros e criados servindo nacos de bebês grelhados. Hoje, comemos uma criança asiática, trabalhadora semiescrava, quando fazemos algo tão prosaico como adquirir um tênis de marca. Comemos, ainda, em outros banquetes, crianças africanas, prato típico de um continente classificado como "descartável" em tantos relatórios de entidades multilaterais e analistas de mercado. Servem-nos, ainda uma vez, bandejas latino-americanas e asiáticas, cobertas de trabalho infantil, de febre, fome e diarreia, de descaso e de pouco caso. Há várias maneiras de comer crianças e há várias maneiras de fingir que não o fazemos – ou de temperar o prato para que se disfarce o gosto.

O problema da fome no século de Swift ainda podia ser visto, com algum esforço de sofística, como algo de natureza essencialmente técnica, com as cíclicas crises de desabastecimento e colheitas desastrosas. Hoje, o exercício de engodo seria mais difícil. A humanidade dispõe de conhecimento e técnica mais do que suficientes para eliminar essas catástrofes. Mas a vitória, na guerra contra a fome, depende de "tomadas de decisões" – e estas implicam mudanças sociais e econômicas, alterações profundas nos modos de vida e consumo, de reformas brutais nas configurações de poder e de prestígio. Depende, enfim, de escolhas civilizacionais, algo tão simples como a abolição do hábito de devorar infantes.

– II –

Com alarme e pretensão científica, os proprietários do século XIX e seus porta-vozes autorizados anunciavam que a eliminação do trabalho infantil destruiria a economia inglesa, física e moralmente.

Na mesma época, no Brasil, os donos de escravos previam o caos se e quando a abolição "rompesse os contratos" e agredisse seus "direitos adquiridos" quanto a negros, negras e respectivas proles, atuais ou em gestação. No sul dos Estados Unidos, fazendas negreiras eram montadas para reproduzir esse insumo fundamental. Um pouco mais tarde, no esplendor do Terceiro Reich, o Vorstand (Conselho de Administração) da IG Farben e as SS discutiam seriamente como liquidar judeus e eslavos com o menor custo e "esgotar" os trabalhadores em ritmos adequados à produção.

Tudo isso – de Swift a Hitler – parece um pouco macabro e distante, quando as lentes distorcedoras da civilização industrial contemporânea buscam outros modos de produzir o mesmo. Mas... será, de fato, tão distante? Nutricionistas e especialistas em desenvolvimento humano nos garantem que as crianças que não recebem calorias e proteínas necessárias, durante as últimas semanas intrauterinas e os primeiros meses após o nascimento, ficarão mentalmente prejudicadas de forma permanente: as "pilhas" do cérebro não irão manter o *set up* da memória e da inteligência. Elas se transformarão em adultos apáticos. A degradação trará alguma perda para o mundo produtivo – aceitável desde que sejam peças sobrantes. Mas, por outro lado, talvez tenhamos aí um significativo ganho político. Afinal, lembrando um poema de João Cabral, este homem reduzido e abreviado "está aquém do homem, ao menos capaz de roer os ossos do ofício; capaz de sangrar na praça; capaz de gritar se a moenda lhe mastiga o braço; capaz de ter a vida mastigada e não apenas dissolvida".

O humor corrosivo de Swift ataca em várias frentes. Dele não escapa o "honorável" Robert Boyle, nem os clichês pretensiosos das "faculdades do espírito" ou as predições do futuro, na "sabedoria" dos almanaques.

Bem-vindo ao mundo dos horrores, prezado leitor. É o modo pelo qual Swift nos convoca para a liberdade de pensar. Pensar pelo avesso, já que o mundo está direitinho demais para estar certo.

R. Moraes

Sobre o autor

Jonathan Swift, geralmente considerado o maior dos satiristas britânicos, nasceu em Dublin em 30 de novembro de 1667. Após graduar-se, em 1686, pelo Trinity College, estabelece-se na Inglaterra como secretário de Sir William Temple, influente político e diplomata. Encontra Esther (Stella) Johnson, filha de empregados de Sir William, torna-se seu tutor e inicia uma devotada amizade que inspirará vários de seus escritos (*The Journal to Stella* [*Diário para Stella*]) e só se interromperá com a morte de Esther, em 1728. É também desta época o início da produção satírica de Swift, com obras como *A Tale of a Tub* [*História de uma tina*] e *The Battle of the Books* [*Batalha dos livros*], a serem publicados posteriormente, em 1704.

A partir de 1699, com a morte de Sir William, retorna ao país natal e leva adiante carreira religiosa, como clérigo da Igreja Anglicana da Irlanda. Respondendo a atividades eclesiásticas, viaja frequentemente para a Inglaterra. Paralelamente, mantém sua produção literária (*Meditation upon a Broomstick* [*Meditação a respeito de um cabo de vassoura*], incluído neste volume, é de 1703) e participa do melhor círculo intelectual e político londrino. Neste período, a verve satírica de Swift obtém perfeito estímulo por parte de John Partridge, sapateiro e astrólogo, que ganhou notoriedade ao produzir almanaques de profecias e desafiar seus leitores a apresentar previsões mais acuradas. Quando, em 1708, Partridge ataca a Igreja Anglicana, Swift decide replicar em uma série de escritos, sob o pseudônimo de Isaac Bickerstaff – os *Bickerstaff Papers*, publicados neste volume. No primeiro panfleto, Bickerstaff/Swift prevê a morte de Partridge para as onze horas da noite do dia 29 de março de 1708. Na sequência, usando outro pseudônimo, Swift anuncia a morte de Partridge e a confirmação da profecia Bickerstaff. As consequências são espetacularmente cômicas: Partridge protesta veementemente em novo almanaque e proclama estar vivo, mas seu óbito é oficialmente registrado e ninguém acredita em sua réplica. O prestígio angariado por Bickerstaff é tamanho que, impressionada pela precisão de suas profecias, a Santa Inquisição portuguesa passa a considerá-las bruxaria e objeto do índice de obras proibidas.

Ao longo de todo o primeiro quarto do século XVIII, Swift aprofunda seu envolvimento com o xadrez político britânico, estreita seus laços com o Partido Conservador e ataca os *Whigs*. A partir de 1720, produz vários panfletos sobre a situação da Irlanda. Em 1726, publica *Gulliver's Travels* [*As viagens de Gulliver*], um sucesso imediato e ainda hoje sua obra mais popular. A combinação de relatos de viagens e fantasia era irresistível, mas, como o próprio Swift salientou em carta a Pope, seu objetivo, em *Gulliver*, não era divertir, mas agredir: o livro expõe o universo das imperfeições humanas sob a enganosa roupagem de um livro de aventuras para crianças.

Em 1729, cada vez mais desgostoso com a conjuntura irlandesa, escreve *A Modest Proposal* [*Modesta proposta*], corrosiva paródia de artigo científico, escrito por um presuntivo estudioso que julga o canibalismo a resposta mais sensata para a erradicação da pobreza. Ao mesmo tempo, crítica arrasadora é dirigida tanto à insensibilidade inglesa perante a calamidade social quanto ao comportamento da população da Irlanda.

Até fins da década de 1730, Swift permanece ativo. No início da década de 1740, os primeiros traços de senilidade mental são identificados e em 1742 é declarado legalmente incapaz. Morre em 19 de outubro de 1745. É conhecido o epitáfio que redigiu para si mesmo: "Aqui jaz o corpo de Jonathan Swift ... onde a colérica indignação não poderá mais dilacerar-lhe o peito. Vai, passante, e imita, se puderes, esse que tudo empenhou pela causa da Liberdade". Talvez tão expressiva de sua personalidade, estilo e ideias quanto este autodiagnóstico sublime seja a sua vontade testamentária: que fosse criado hospício para "idiotas e lunáticos" próximo a Dublin, posto que "nenhuma outra nação é tão necessitada" de estabelecimento semelhante.

Modesta proposta

*para evitar que as crianças dos pobres
da Irlanda se tornem um fardo para
seus pais ou para seu país, e para
torná-las benéficas ao público*

1729

Tradução
Dorothée de Bruchard

É melancólico[1] para os que andam por esta grande cidade ou viajam pelo interior ver as ruas, as estradas ou a soleira dos casebres apinhadas de mendigas seguidas por três, quatro ou seis crianças, todas em andrajos e importunando todos os transeuntes pedindo esmola. Essas mães, em vez de trabalhar para ganhar a vida honestamente, são forçadas a ocupar todo seu tempo em perambulações, a pedir sustento para seus filhos desamparados que, ao crescer, ou se tornam ladrões por falta de trabalho, ou deixam sua querida terra natal para ir lutar pelo Pretendente[2] na Espanha ou se vender aos Barbados.[3]

---

1 Cf. Robert Burton, em seu *Anatomy of Melancholy*, onde a miséria e a mendicância são caracterizadas como causas de melancolia.

2 James Stuart, filho de James II e pretendente aos tronos da Inglaterra e Escócia.

3 As *plantations* de Barbados admitiam trabalho arrendado a preço vil.

Creio ser consenso que esse prodigioso número de crianças no colo, ou nas costas, ou nos calcanhares de suas mães, e frequentemente de seus pais, é, no deplorável estado em que se encontra o Reino, um malefício adicional considerável; e, portanto, quem quer que descobrisse um meio justo, fácil e barato de tornar essas crianças membros úteis e saudáveis da nação mereceria por parte do público *até mesmo* que lhe fosse erguida uma estátua de Salvador da Pátria.

Mas meu objetivo está longe de se limitar a tratar apenas dos filhos de mendigos declarados, é de muito maior abrangência e engloba a totalidade das crianças de certa idade, nascidas de pais na verdade tão pouco capazes de sustentá-las como esses que apelam à nossa caridade pelas ruas.

De minha parte, tendo por muitos anos dedicado minhas reflexões a esse importante assunto e tendo maduramente pesado os vários projetos de outros planejadores, sempre os achei grosseiramente equivocados em seus cálculos. É certo que uma criança recém-parida pode ser sustentada pelo leite da mãe durante um ano solar com pouco alimento extra, no valor de dois xelins no máximo, o que a mãe certamente pode obter, ou esse mesmo valor em restos de comida, por meio de sua legal ocupação de mendiga; e é exatamente quando tiverem um ano de idade que proponho olhar por essas crianças, de tal maneira que, em vez de serem um fardo para seus pais ou para a paróquia, ou carecerem de comida e roupa pelo resto da vida, elas, pelo contrário, contribuam para alimentar e, em parte, vestir muitos milhares de pessoas.

Existe igualmente outra grande vantagem em meu projeto, que é a de impedir esses abortos voluntários e esse horrível costume, infelizmente tão comum entre nós, de as mulheres matarem os seus filhos bastardos, sacrificando os pobres bebês inocentes (desconfio que mais para evitar as despesas do que a vergonha), que causam pena e lágrimas no coração mais selvagem e desumano.

Sendo o número de viventes na Irlanda em geral estimado em um milhão e meio, dentre esses calculo que deva haver aproximadamente duzentos mil casais cujas mulheres sejam reprodutoras, número do qual subtraio trinta mil casais capazes de manter seus próprios filhos, embora tema não sejam tantos assim, com as atuais aflições do Reino. Mas, partindo-se dessa suposição, sobram cento e setenta mil reprodutoras. Subtraio mais uma vez cinquenta mil, considerando as mulheres que abortam naturalmente ou cujos filhos morrem de acidente ou doença durante o primeiro ano. Sobram apenas cento e vinte mil filhos de pais pobres nascidos anualmente. A pergunta é, portanto: como irá este número ser criado e sustentado? O que, como já disse, é nas atuais circunstâncias absolutamente impossível pelos meios propostos até agora, pois não podemos oferecer-lhes empregos na indústria ou na agricultura; não construímos casas (quero dizer, no campo) nem cultivamos a terra. Eles muito raramente conseguem ganhar a vida roubando antes de chegarem aos seis anos, a não ser que sejam bastante precoces, embora eu reconheça que aprendem os rudimentos bem mais cedo, período durante o qual, no entanto, eles podem ser considerados apenas aprendizes, como fui informado por um distinto cavalheiro no condado de Cavan, o qual me assegurou que nunca soube de mais de um ou dois casos abaixo da idade de seis anos, mesmo numa parte do Reino tão famosa pela mais ágil competência nessa arte.

Nossos comerciantes me garantem que um menino ou menina antes dos doze anos não é uma mercadoria vendável, e mesmo quando atinge essa idade não rende, na venda, mais do que três libras, ou, no máximo, três libras e meia coroa, o que não é vantajoso nem para os pais nem para o Reino, o custo em alimentação e andrajos tendo sido de pelo menos quatro vezes esse valor.

Vou agora, portanto, humildemente expor minhas próprias ideias, que espero não levantem a menor objeção.

Um americano muito entendido, conhecido meu em Londres, assegurou-me que uma criancinha saudável e bem tratada é, com um ano, um alimento realmente delicioso, nutritivo e completo, seja cozida, grelhada, assada ou fervida; e não tenho dúvidas de que possa servir igualmente para um guisado ou um ensopado.

A proposta que, portanto, humildemente ofereço à apreciação do público é que das cento e vinte mil crianças já calculadas, vinte mil fossem reservadas para a reprodução, das quais uma quarta parte apenas fosse de machos, o que é mais do que admitimos para os ovinos, bovinos ou suínos; e meu argumento é que essas crianças raramente são fruto do matrimônio, circunstância não muito levada em conta por nossos selvagens, sendo portanto um macho suficiente para servir a quatro fêmeas. Que as cem mil restantes fossem, com a idade de um ano, colocadas à venda para pessoas de bem e fortuna em todo o Reino, sempre se aconselhando às mães que as deixem mamar abundantemente durante o último mês de modo a torná-las gordas e rechonchudas para uma boa mesa. Uma criança daria dois pratos numa recepção para amigos e, jantando a família a sós, o quarto dianteiro ou traseiro daria um prato razoável, e, temperado com um pouco de pimenta ou sal, ficaria muito bom fervido no quarto dia, especialmente no inverno.

Calculei que uma criança recém-nascida pesa em média umas doze libras e que, num ano solar, se razoavelmente bem cuidada, aumentaria para vinte e oito libras.

Admito que essa comida seria um tanto cara, portanto muito apropriada para os senhores de terra que, tendo já devorado a maioria dos pais, parecem ter maiores direitos sobre os filhos.

A carne de bebê seria de estação durante o ano inteiro, porém mais abundante no mês de março, e um pouco antes e depois. Pois ficamos sabendo por um autor sério,[4] eminente médico francês, que sendo o peixe um alimento proliferativo, existem nos países católicos romanos mais crianças nascidas por volta de nove meses depois da Quaresma do que em qualquer outra época. Logo, contando-se um ano a partir da Quaresma, os mercados estariam mais repletos do que de costume, pois o número de bebês papistas é de pelo menos três para um neste Reino, havendo assim ainda outra vantagem colateral, a de diminuir o número de papistas entre nós.

Já avaliei que o custo para sustentar um filho de mendigo (em cujo rol incluo todos os arrendatários, trabalhadores e quatro quintos dos agricultores) deva girar em torno de dois xelins por ano, andrajos

---

4 Referência a François Rabelais.

incluídos; e acredito que nenhum cavalheiro negaria dez xelins pela carcaça de uma criança bem gordinha, a qual, como já disse, daria quatro pratos de excelente carne nutritiva, quando só tivesse ele algum amigo íntimo ou sua própria família para jantar. Assim, o dono das terras aprenderia a ser um bom senhor e se tornaria popular entre seus arrendatários, a mãe teria oito xelins de lucro líquido e estaria apta para trabalhar até produzir outro filho.

Aqueles mais econômicos (o que, devo admitir, é exigência de nossa época) poderiam esfolar a carcaça, cujo couro, artificialmente tratado, daria admiráveis luvas para senhoras e botas de verão para finos cavalheiros.

Quanto à nossa cidade de Dublin, matadouros poderiam ser designados para esse fim nos seus locais mais convenientes, e podemos estar certos de que não iriam faltar açougueiros; embora recomende que as crianças sejam compradas vivas e passadas pela faca pouco antes de serem preparadas, como fazemos ao assar os porcos.

Uma pessoa de muito valor, verdadeira amante de seu país e cujas virtudes tenho em alta estima, teve recentemente o prazer, discutindo sobre esta questão, de oferecer um aprimoramento ao meu projeto. Dizia que, como muitos cavalheiros deste Reino haviam recentemente dizimado seus veados, ele imaginava que a falta dessa carne de caça poderia ser muito bem suprida pelos corpos de rapazes e moças, de não mais de quatorze anos nem menos de doze, tão grande o número de ambos os sexos em todos os condados que estão agora a ponto de morrer de fome, por falta de trabalho e serviço; e deles se livrariam seus pais, se vivos, ou então seus parentes mais próximos. Mas, com todo o respeito devido a tão excelente amigo e tão meritório patriota, não posso concordar totalmente com sua opinião; pois, quanto aos machos, meu conhecido americano assegurou-me, baseado em vasta experiência, que sua carne era geralmente dura e magra, tal como a de nossos escolares, devido ao contínuo exercício; seu sabor, desagradável e que engordá-los não iria resolver a questão. E, quanto às fêmeas, atrevo-me humildemente a pensar que seria uma perda para o público, porque em breve elas próprias se tornariam reprodutoras. E, além disso, não é improvável que algumas pessoas escrupulosas pudessem ser capazes (ainda que, de fato, muito injustamente) de acusar tal prática de beirar um pouco a crueldade, o que confesso tem sempre sido para mim a mais forte objeção a qualquer projeto, por mais bem-intencionado que seja.

Mas, como justificativa a meu amigo, devo dizer que ele admitiu que esse expediente lhe fora sugerido pelo famoso Psalmanazar,[5] um nativo da Ilha Formosa, que de lá veio para Londres há mais de vinte anos e contou a ele, durante uma conversa, que, sempre que em seu país acontecia de um jovem ser executado, o carrasco vendia a carcaça como iguaria de primeira a pessoas de bem e que, em seu tempo, o corpo de uma rechonchuda garota de quinze anos, crucificada por tentar envenenar o imperador, fora vendido no patíbulo ao primeiro-ministro de Estado de Sua Majestade Imperial e a outros grandes mandarins da corte, em postas, por quatrocentas coroas. Tampouco posso realmente

---

5 George Psalmanazar foi o presuntivo autor de *An Historical and Geographical Description of Formosa* (1704). Sabidamente um impostor, embora alegasse ser chinês de Formosa, era de fato francês.

negar que, se fosse feito o mesmo com várias garotas rechonchudas desta cidade, as quais, sem um único tostão por fortuna, não saem de casa a não ser em cadeirinha e frequentam o teatro ou reuniões com adornos importados que jamais irão pagar, o Reino não estaria pior por isso.

Algumas pessoas de espírito desalentado estão bastante preocupadas com o grande número de pobres idosos, doentes ou mutilados e tenho sido solicitado a empregar meu pensamento para encontrar alguma possível solução que alivie a nação de tão penoso fardo. Mas essa questão não me preocupa nem um pouco, pois é bem sabido que eles estão a cada dia morrendo e apodrecendo, de frio e de fome, e de sujeira, e de vermes, tão rapidamente como se possa razoavelmente esperar. E, quanto aos trabalhadores mais jovens, eles estão agora em situação quase tão promissora: não conseguem trabalho e, consequentemente, estão desfalecendo por falta de alimento, a tal ponto que, se fossem, por acaso, contratados para algum serviço ordinário, não teriam forças para executá-lo, estando assim o país e eles próprios, felizmente, livres dos males que estão por vir.

Fiz uma digressão demasiado longa e vou, portanto, retornar a meu assunto. Penso que as vantagens da proposta que venho apresentando são evidentes e numerosas, assim como da mais alta importância.

Primeiramente, como já observei, ela diminuiria bastante o número de papistas que anualmente nos invadem, já que eles são os principais reprodutores da nação, assim como o de nossos inimigos mais perigosos, e permanecem no país com o propósito, com a intenção, de entregar o Reino ao Pretendente, esperando beneficiar-se da ausência de tantos bons protestantes que preferiram deixar seu país a ficar em casa e pagar, contra a sua consciência, o dízimo a um idólatra vigário episcopal.

Em segundo lugar, os arrendatários mais pobres terão algo de valor que lhes pertença, que serviria legalmente de garantia em caso de necessidade e ajudaria a pagar a renda a seu senhor, pois seu trigo e seu rebanho já foram apreendidos, e o dinheiro é uma coisa que desconhecem.

Em terceiro lugar, como a manutenção de cem mil crianças com mais de dois anos não pode ser calculada em menos de dez xelins por cabeça ao ano, serão com isso acrescidas cinquenta mil libras por ano, ao Tesouro Nacional, além do lucro de um novo prato, introduzido nas mesas de todos os cavalheiros de fortuna do Reino cujo paladar tenha um mínimo de requinte, e o dinheiro circulará entre nós mesmos, já que os produtos são inteiramente desenvolvidos e manufaturados por nós.

Em quarto lugar, as reprodutoras regulares, além do ganho de oito xelins por ano pela venda de seus filhos, ficariam livres do encargo de mantê-los após o primeiro ano.

Em quinto lugar, esse alimento atrairia igualmente imensa clientela para as tabernas, cujos proprietários certamente seriam suficientemente sensatos para conseguir as melhores receitas a fim de prepará-lo com a maior perfeição e, consequentemente, terem seus estabelecimentos frequentados por todos os distintos cavalheiros, que se orgulham com razão de serem conhecedores da boa comida. E um talentoso cozinheiro, que saiba como agradar seus comensais, encontrará um modo de torná-lo tão caro quanto lhes apeteça.

Em sexto lugar, haveria um grande incentivo ao casamento, o qual tem sido, por todas as nações sábias, estimulado por recompensas ou imposto por leis e penalidades. Aumentaria o cuidado e a ternura das mães para com seus filhos, ao ficarem seguras de que seus pobres bebês estão com a vida encaminhada, de certa forma graças ao público, para seu lucro anual ao invés de despesa. Deveríamos rapidamente notar uma saudável competição entre as mulheres casadas para ver qual delas levaria ao mercado a criança mais gorda. Os homens passariam a gostar de suas mulheres durante o período da gravidez, tanto quanto gostam atualmente de suas éguas ou vacas prenhes, ou de suas porcas a ponto de parir, e não se disporiam a bater nelas ou dar-lhes pontapés (como é prática tão frequente), por medo de um aborto.

Muitas outras vantagens poderiam ser enumeradas. Por exemplo, o acréscimo de alguns milhares de carcaças na exportação de carne em conserva; a propagação da carne suína e melhoramentos na arte de fazer bom toucinho, tão em falta entre nós por causa da grande destruição dos porcos, demasiado frequentes em nossas mesas, de modo algum comparáveis em sabor ou suntuosidade a uma criança com um ano completo, gorda e bem desenvolvida, a qual, assada inteira, será uma atração considerável num banquete do senhor prefeito ou qualquer outra recepção pública. Mas esta, e muitas outras, vou omitir, por ser adepto da brevidade.

Supondo que mil famílias nesta cidade fossem consumidoras regulares de carne de bebê, além de outras que poderiam utilizá-la em ocasiões festivas, notadamente em casamentos e batizados, calculo que Dublin consumiria anualmente cerca de vinte mil carcaças, e o resto do Reino (onde provavelmente seriam vendidas um pouco mais barato) as oitenta mil restantes.

Não me ocorre objeção alguma que possa ser levantada contra esta proposta, a menos que se retruque que o número de pessoas no Reino ficaria deste modo bastante reduzido. Isso eu reconheço de bom grado, sendo esse, na verdade, o motivo fundamental para oferecê-la ao mundo. Gostaria que o leitor observasse que estou concebendo este meu remédio para este Reino específico da Irlanda e para nenhum outro que já tenha existido, exista, ou, acredito, possa vir a existir sobre a face da Terra. Que não me venham, então, falar em outro expediente:[6] cobrar de nossos absentistas cinco xelins por libra de imposto; não usar roupa ou mobília que não sejam de nosso próprio cultivo ou manufatura; rejeitar totalmente materiais e instrumentos que promovam o luxo estrangeiro; combater o alto custo do orgulho, da vaidade, da ociosidade e da jogatina em nossas mulheres; promover o hábito da parcimônia, prudência e moderação; aprender a amar nosso país, no que somos diferentes até mesmo dos lapônios e dos tupinambás; deixar de lado nossas hostilidades e diferenças, nem continuar agindo como os judeus, que estavam matando-se uns aos outros, no exato momento em que sua cidade foi tomada; ter um pouco o cuidado de não vender por uma ninharia nosso país e nossas consciências; ensinar os senhores de terras a terem um mínimo de misericórdia para com seus arrendatários; finalmente, infundir um espírito

---

6 Esta é uma lista efetivamente apresentada e defendida por Swift em "Proposal for the Universal Use of Irish Manufactures" [Proposta para o uso universal das manufaturas irlandesas].

de honestidade, diligência e habilidade em nossos comerciantes, os quais, se fosse agora resolvido comprar-se apenas produtos nativos, unir-se-iam imediatamente para nos enganar e nos extorquir por meio do preço, da medida e da qualidade, e jamais fariam uma proposta justa de transações honestas, ainda que frequente e ardentemente solicitados para tanto.

Repito, portanto, que não me venham falar desses expedientes e de outros similares, até que exista pelo menos uma sombra de esperança de que haverá alguma calorosa e sincera tentativa de colocá-los em prática.

Mas, quanto a mim, tendo me desgastado durante muitos anos propondo pensamentos vãos, ociosos, visionários, e, afinal, desacreditando totalmente de seu sucesso, felizmente ocorreu-me esta proposta que, sendo absolutamente nova, possui ainda algo de sólido e real, com nenhum custo e poucas dificuldades, plenamente em nosso poder, e com a qual não corremos nenhum risco de desagradar a Inglaterra. Pois esse tipo de matéria-prima não é adequado à exportação, já que a carne é de consistência por demais delicada para suportar uma longa permanência no sal, ainda que eu talvez possa citar um país que devoraria com prazer nossa nação inteira sem ele.

Enfim, não estou tão violentamente aferrado à minha própria opinião que rejeite qualquer proposta, apresentada por homens sensatos, considerada igualmente inocente, barata, fácil e eficaz. Mas, antes que algo desse tipo seja contraproposto ao meu projeto, e seja aventado outro melhor, desejaria que seu autor ou autores tivessem a bondade de, maduramente, considerar dois pontos. Primeiramente, nas atuais circunstâncias, de que maneira conseguirão encontrar roupa e comida para cem mil bocas e costas inúteis. Em segundo lugar, existindo em todo o Reino aproximadamente um milhão de criaturas em forma humana, cuja subsistência, contabilizada, deixaria a eles uma dívida de dois milhões de libras esterlinas, e somando-se aqueles que são mendigos por profissão à massa dos agricultores, camponeses e trabalhadores, com suas mulheres e filhos, que são mendigos na prática, desejaria que esses políticos, a quem minha sugestão desagrada e que talvez sejam ousados a ponto de tentar refutá-la, perguntassem primeiro aos pais desses mortais se eles a esta altura não considerariam uma grande felicidade se tivessem sido vendidos como comida com um ano de idade, da maneira que estou recomendando, evitando com isso um perpétuo estado de infortúnio como o que vêm atravessando desde então, pela opressão por parte dos senhores, a impossibilidade de pagar a renda, sem dinheiro ou emprego, a falta do simples sustento, sem casa nem roupa para abrigá-los das inclemências do clima, e a mais inevitável perspectiva de legar a mesma ou maior miséria à sua prole para sempre.

Declaro, na sinceridade do meu coração, não ter o menor interesse pessoal em procurar promover esta tarefa necessária, sem outra motivação que não o bem-estar geral do meu país, desenvolvendo nosso comércio, cuidando das crianças, aliviando os pobres e dando algum prazer aos ricos. Não tenho filhos por meio dos quais eu pudesse esperar conseguir um simples tostão, pois o mais novo tem nove anos e minha esposa já ultrapassou a idade de procriar.

Meditação a respeito de um cabo de vassoura

Segundo o estilo e maneira das Meditações *do honorável Robert Boyle*

1703

Tradução
José Oscar de Almeida Marques

Este cabo de madeira que agora contemplais recostado humildemente naquele canto obscuro, eu o conheci, outrora, exuberante em uma floresta. Era cheio de seiva, cheio de folhas e cheio de galhos. Mas é em vão, agora, que a intrometida arte do homem pretende rivalizar com a Natureza ao amarrar esse feixe murcho de varetas a seu tronco ressecado, tornando-o, no máximo, o reverso do que foi: uma árvore virada de cabeça para baixo, os ramos sobre a terra e a raiz para o ar. Passa pelas mãos das criadas mais vis, condenado à sua lida enfadonha, e, por uma caprichosa espécie de destino, fadado a limpar outras coisas enquanto permanece ele próprio imundo. Por fim, reduzido a um toco a serviço das criadas, ou é jogado fora ou é condenado à derradeira serventia de acender um fogo. Quando me dei conta disso, suspirei e disse para mim mesmo: *Certamente o homem mortal é um cabo de vassoura*. A Natureza o pôs no mundo robusto e forte, em uma vigorosa condição, portando em sua cabeça seus próprios cabelos – os ramos apropriados desse vegetal pensante –, até que o machado da intemperança podou seus verdes galhos e fez dele um tronco murcho. Refugia-se então no artifício e coloca uma peruca, orgulhoso dessa moita artificial de cabelos cobertos de talco, que sua cabeça jamais produziu. Ora, se aquele nosso cabo de vassoura quisesse adentrar a cena orgulhoso das varetas de vidoeiro que dele não brotaram, cobertas de poeira, ainda que seja de varrer os quartos das mais finas damas, estaríamos prontos a ridicularizar e desprezar sua vaidade, como juízes parciais que somos de nossas próprias excelências e dos defeitos dos outros homens!

Dir-se-á que um cabo de vassoura é um emblema de uma árvore de cabeça para baixo, mas o que é o homem senão uma criatura de pernas para o ar? Suas faculdades animais perpetuamente montadas sobre suas faculdades racionais, sua cabeça onde deveriam estar seus calcanhares, arrastando-se pela terra. E, com todas as suas falhas, ele se pretende um reformador e corregedor universal dos abusos, um redentor das injustiças. Vasculha os mais sórdidos recantos, trazendo à luz corrupções ocultas, e levanta uma imensa nuvem de pó onde antes nada havia, impregnando-se profundamente, ao mesmo tempo, dessa mesma poluição que pretende eliminar. Seus dias de velhice são passados a serviço de mulheres, em geral as menos dignas, até que, gasto até o toco, como seu irmão escovão, é ou jogado fora ou usado para acender o fogo ao redor do qual outros se aquecem.

Ensaio irrefutável sobre as faculdades do espírito

1707

Tradução
José Oscar de Almeida Marques

Dedicado a ---------

Senhor,

Sendo um tão grande amante de antiguidades, é razoável supor que ficaríeis muito grato por alguma coisa que fosse nova. Ultimamente tenho me sentido muito desgostoso com muitos autores de Ensaios e Discursos morais por incorrerem em tópicos sem originalidade e citações desgastadas, e por não tratarem de seu assunto na íntegra e com rigor; erros que, todos eles, evitei cuidadosamente no Ensaio a seguir, que proponho como modelo para imitação de jovens autores, pois seus pensamentos e observações são inteiramente novos, as citações jamais foram tocadas por outros, o assunto é de extrema importância e tratado com muito método e perspicácia. Custou-me muito tempo elaborá-lo, e rogo-vos que o aceiteis e considereis como o máximo esforço de meu gênio.

Ensaio Irrefutável, &c.

Dizem os filósofos que o homem é um microcosmo, ou um mundo pequeno que se assemelha em miniatura a todas as partes do grande; e, em minha opinião, o corpo natural pode ser comparado ao corpo político; e se é assim, como pode ser verdadeira a opinião de Epicuro de que o universo foi formado por uma concorrência fortuita de átomos, opinião essa em que me é tão difícil acreditar quanto na afirmação de que uma mistura acidental de letras do alfabeto poderia resultar por acaso no mais engenhoso e erudito tratado de filosofia, *Risum teneatis Amici* (Horácio).[1] Dessa falsa opinião devem gerar-se muitas mais, como um erro na primeira preparação que não pode ser corrigido na segunda; a fundação é fraca e qualquer superestrutura erigida sobre ela deve necessariamente tombar ao solo. Assim, os homens são levados de um erro a outro até que, comoIxíon, abraçam a nuvem em lugar de Juno, ou, como o cão da fábula, deixam escapar a substância ao abrir a

---

1 "Contenham o riso, amigos."

boca diante da sombra.[2] Pois tais opiniões não podem ser tornadas coerentes, mas, como o ferro e o barro nos pés da estátua de Nabucodonosor, devem separar-se e partir-se em pedaços.[3] Li em um certo autor que Alexandre chorou porque não tinha mais mundos a conquistar, o que ele não precisaria ter feito se um novo mundo pudesse ser criado pela concorrência fortuita de átomos. Mas essa é uma opinião mais adequada à besta de muitas cabeças que é o vulgo do que a um sábio homem como Epicuro, cujo nome foi apenas tomado de empréstimo pela parte mais corrupta de sua seita, assim como o macaco tomou de empréstimo a pata do gato para tirar as castanhas do fogo.[4]

O primeiro passo para a cura, porém, é conhecer a doença, e embora possa ser difícil descobrir a verdade, pois, como observa o filósofo, ela vive no fundo de um poço, não é preciso que andemos como cegos, tateando em plena luz do dia. Espero que me

---

[2] Esopo, *O cão e a sombra*.
[3] *Daniel*, 2.
[4] La Fontaine, *O macaco e o gato*.

seja permitido, entre tantos mais sábios que eu, oferecer meu óbolo, dado que um espectador pode algumas vezes observar o jogo melhor do que os que dele participam. Não penso, porém, que um filósofo esteja obrigado a explicar todos os fenômenos da Natureza ou afogar-se como Aristóteles por não ser capaz de resolver a questão da cheia e da vazante da maré, na sentença fatal que pronunciou para si próprio, *Quia te non capio, tu capies me.*[5]

Com isso ele foi, ao mesmo tempo, o juiz e o criminoso, o acusado e o executor. Sócrates, por outro lado, que disse que nada sabia, foi declarado o mais sábio dos homens pelo Oráculo.

Mas, para retornar dessa digressão, penso que é tão claro quanto qualquer demonstração em Euclides que a Natureza nada faz em vão. Se fôssemos capazes de mergulhar em seus mais profundos recessos, descobriríamos que a mais minúscula folha de grama, ou a erva mais desprezível, tem seu uso particular. Mas a Natureza é admirável principalmente

---

5 "Como não posso abarcar-te, tu me abarcas." História apócrifa sobre o suposto suicídio de Aristóteles no Euripo.

em suas produções mais diminutas; o inseto menor e mais desprezível é o que mais revela a arte da Natureza, se eu puder denominá-la assim, embora a Natureza, que se delicia com a variedade, sempre venha a triunfar sobre a arte. E, como observa o poeta,

Naturam expellas furca licet, usque recurret. (Horácio)[6]

Mas as diversas opiniões dos filósofos espalharam-se pelo mundo como tantas outras pragas do espírito, como a Caixa de Pandora fez com as pragas corporais, apenas com a diferença de que as primeiras não deixaram a Esperança no fundo. E, se a verdade não fugiu com Astreia, ela está certamente tão oculta como a nascente do Nilo, e só pode ser encontrada em Utopia. Não que eu queira criticar aqueles excelentes sábios, o que seria uma espécie de ingratidão, e aquele que acusa um homem de ingratidão resume todos os males de que um homem é capaz:

---

6 "Pode-se expulsar a Natureza com um forcado, mas ela sempre retornará." Assim como esta, muitas das frases latinas estão imprecisamente citadas e às vezes atribuídas erroneamente. As que se seguem apenas repetem, em geral, as afirmações feitas no corpo do texto imediatamente antes delas.

Ingratum si dixeris, omnia dicis.[7]

O que critico, porém, nos filósofos (embora alguns possam considerar isto um paradoxo) é principalmente seu orgulho. Basta um *ipse dixit*[8] e tendes de segui-los como um cão a seu dono. E, embora Diógenes vivesse em um tonel, deve ter havido, por tudo quanto sei, tanto orgulho sob seus trapos quanto sob as finas vestes do divino Platão. Conta-se de Diógenes que, quando Alexandre veio visitá-lo e prometeu-lhe qualquer coisa que desejasse, o Cínico apenas respondeu: "não tireis de mim o que não podeis dar-me, e não fiqueis entre mim e a luz do Sol", o que é algo quase tão extravagante como o filósofo que atirou seu dinheiro ao mar, com este admirável dito, -------------.

Quão diferente é esse homem do usurário que, ouvindo dizer que seu filho iria gastar tudo o que possuía, respondeu: "Ele não terá mais prazer em gastar do que eu tive em acumular". Esses homens podiam ver as faltas uns dos outros, mas não as deles

---

7 "Se disseres ingrato, terás dito tudo."
8 Uma asserção dogmática.

próprios; essas eles jogavam na mochila às suas costas: *Non videmus id manticæ quod in tergo est.*[9] Minhas francas opiniões podem talvez ser censuradas por aqueles que criticam as de Momo, a quem os autores veneram como os índios veneram o diabo, por medo. Eles se esforçarão por produzir em minha reputação tantas feridas quanto as do homem no almanaque; mas não dou importância a isso; e talvez, como moscas, eles voem tantas vezes em torno da vela até queimarem as asas. Que me perdoem se me aventuro a dar-lhes este conselho: não censurem o que não podem compreender, pois isso apenas desperta a torturante paixão da inveja, tormento jamais excedido pela invenção de nenhum tirano:

Invidia Siculi non invenere Tyranni
Tormentum majus. ----------- (Juvenal)[10]

É preciso que se diga aos críticos e sabichões que seus juízos sobre esses assuntos não podem ser melhores que as ideias que um cego de nascença tem

---

9 "Não vemos a mochila às nossas costas."
10 A frase é, de fato, de Horácio: "Nenhum tormento maior que a inveja foi inventado pelos tiranos da Sicília".

sobre as cores. Sempre observei que vossos frascos vazios são os que soam mais alto, e dou tão pouca importância a seus chicotes quanto o mar ao ser açoitado por Xerxes. O máximo favor que um homem pode deles esperar é o que Polifemo prometeu a Ulisses: que o devoraria por último. Julgam subjugar um autor como César fez com seu inimigo, com um simples *Veni, vidi, vici*. Confesso que valorizo a opinião do pequeno número de judiciosos, um Rymer, um Dennis, ou um Walsh, mas, quanto ao resto, para dar minha opinião sem mais delongas, penso que a longa disputa entre os filósofos sobre a existência do vácuo pode ser respondida afirmativamente dizendo-se que ele se encontra na cabeça dos críticos. Esses são, na melhor das hipóteses, apenas os zangões do mundo intelectual, que devoram o mel sem trabalhar, e um escritor não lhes deve dar mais atenção do que a Lua dá aos latidos de um pequeno e estúpido vira-lata. Pois, apesar de seus terríveis rugidos, basta meio olho para descobrir o jumento sob a pele de leão.

De volta, porém, a nosso discurso, quando se perguntou a Demóstenes qual era a primeira parte de um orador, ele respondeu, *Ação*. Qual era a segunda? *Ação*. Qual era a terceira? *Ação*, e assim por diante, *ad infinitum*. Isso pode ser verdade em oratória, mas a contemplação, em outras coisas, excede a ação. E, portanto, um homem sábio não está nunca menos sozinho do que quando está sozinho:

> Nunquam minus solus, quam cum solus.

E Arquimedes, o famoso matemático, estava tão absorvido em seus problemas que não se apercebeu do soldado que veio matá-lo. Assim, para não desmerecer o justo elogio que se deve aos oradores, eles deveriam considerar que a Natureza, que nos deu dois olhos para ver e dois ouvidos para ouvir, deu-nos apenas uma língua para falar, com a qual, entretanto, alguns o fazem em tal abundância que os *Virtuosi*, que tanto procuraram o movimento perpétuo, podem com certeza encontrá-lo ali.

Alguns homens admiram as repúblicas, pois é nelas que mais florescem os oradores, esses grandes inimigos da tirania. Mas minha opinião é que um tirano é melhor que cem deles, e, além disso, os oradores inflamam o povo, cuja cólera não passa, na realidade, de um curto acesso de loucura.

Ira furor brevis est. ------------ (Horácio)

Em consequência, leis são como teias de aranha, que podem apanhar pequenas moscas, mas deixam vespas e marimbondos passar através delas. Mas, em oratória, a maior arte é ocultar a arte:

Artis est celare Artem.

Isso, porém, deve ser obra do tempo: é preciso agarrar todas as oportunidades e não deixar escapar nenhuma ocasião, caso contrário seremos forçados a tecer a teia de Penélope, desfazendo à noite o que fizemos de dia. Observei, assim, que o Tempo é representado com uma mecha na fronte e calvo por trás, o que significa, como se diz, que devemos agarrá-lo pelos cabelos frontais, pois, uma vez passado, não há como trazê-lo de volta.

No início, o espírito do homem é (se me for perdoada a expressão) como uma *Tabula rasa*, ou como a cera que, quando maleável, é capaz de receber qualquer impressão, até que o tempo a endureça. E, finalmente, a morte, essa cruel tirana, interrompe-nos em meio a nossa caminhada. Os maiores conquistadores foram por fim conquistados pela morte, que não poupa ninguém, desde o que empunha o cetro até o que maneja a pá.

Mors omnibus communis.

Todos os rios vão para o mar, mas nenhum retorna de lá. Xerxes chorou quando contemplou seu exército, ao meditar que em menos de cem anos eles estariam todos mortos. Anacreonte morreu engasgado com um caroço de uva, e uma intensa alegria mata tanto quanto um intenso pesar. Nada há de constante neste mundo, exceto a inconstância; contudo, Platão julgou que, se a virtude surgisse ao mundo em suas vestes nativas, todos os homens se enamorariam dela. Mas agora, desde que o mundo é governado pelo interesse e os homens negligenciam a áurea mediocridade, o próprio Júpiter, se viesse à Terra, seria desprezado, a menos que viesse como uma chuva de ouro, como se mostrou a Danaé. Pois os homens hoje adoram o sol nascente, não o poente:

Donec eris fœlix, multos numerabis amicus.[11]

---

11 "Enquanto fores feliz, contarás muitos amigos."

Assim, em obediência a vossos comandos, arrisquei expor-me à censura nesta nossa era de crítica. Se tratei meu assunto com justiça deve ser deixado ao julgamento de meu douto leitor. Mas não posso senão esperar que minha tentativa seja um encorajamento para que alguma pena mais hábil obtenha mais sucesso.

Os Manucritos Bickerstaff

1708-1709

Tradução
José Oscar de Almeida Marques

Predições para o ano de 1708

Nas quais se indicam o mês e o dia, nomeiam-se as pessoas e relatam-se detalhadamente as grandes ações e acontecimentos tal como irão ocorrer[1]

Escritas para impedir que o povo da Inglaterra continue a ser enganado pelos vulgares fazedores de almanaques

Por Isaac Bickerstaff, Esq.

Tendo há muito meditado sobre o grosseiro abuso da astrologia neste Reino, após debater o assunto comigo mesmo, não poderia atribuir a culpa a essa arte, mas aos grosseiros impostores que se apresentam como artistas. Sei que muitos homens doutos argumentaram que tudo não passa de um logro, e que é absurdo e ridículo imaginar que as estrelas possam ter a mínima influência nas ações,

---

[1] Paródia ao almanaque *Martinus Liberatus*, publicado anualmente pelo astrólogo John Partridge.

pensamentos e inclinações dos homens. E mesmo os que não forçaram seus estudos nessa direção podem ser desculpados por pensar dessa forma, ao ver quão miseravelmente essa nobre arte é tratada por um punhado de mercadores rudes e ignorantes que se interpõem entre nós e as estrelas; que importam um suprimento anual de absurdos, mentiras, tolices e despropósitos, o qual oferecem ao mundo como provindo genuinamente dos planetas, mas que de fato não procedem de uma região mais elevada que seus próprios cérebros.

Pretendo publicar em breve uma vasta e racional defesa dessa arte; por isso não vou dizer agora mais nada em sua defesa, além da observação de que ela foi defendida em todas as épocas por muitos homens instruídos, e, entre os demais, pelo próprio Sócrates, que considero como indubitavelmente o mais sábio dentre os mortais não inspirados. Acrescente-se que, quanto àqueles que condenaram essa arte, embora instruídos sob outros aspectos, não tendo se aplicado a seu estudo, ou, pelo menos, não tendo obtido sucesso nessa aplicação, seu testemunho não pode ter muito peso contra ela, dado que estão sujeitos à objeção comum de que condenam o que não compreendem.

Tampouco me ofendo, ou considero isso um insulto à arte, quando vejo os seus mercadores vulgares – os estudantes de astrologia, os filomatas,[2] e o resto dessa tribo – tratados pelos sábios com o máximo escárnio e desprezo; antes surpreendo-me ao ver cavalheiros, ricos o bastante para servir a nação no Parlamento, consultando o Almanaque de Partridge sobre os acontecimentos do ano no país e no exterior, sem ousar planejar uma caçada até que ele, ou Gadbury, tenham previsto o tempo.

Estaria disposto a admitir que os dois nomes acima mencionados, ou qualquer outro membro da fraternidade, são não apenas astrólogos, mas também mágicos, se eu não pudesse extrair de seus almanaques uma centena de exemplos capazes de convencer qualquer homem razoável de que eles sequer conhecem gramática e sintaxe, que não são capazes de soletrar qualquer palavra menos familiar, e que, mesmo em seus prefácios, não conseguem

---

2 Do grego, amante das ciências; um astrólogo ou prognosticador.

escrever coisas inteligíveis e dotadas de sentido. Quanto a suas observações e predições, elas são tais que conviriam igualmente bem a qualquer época ou país do mundo. "Este mês uma certa pessoa de grande importância será ameaçada pela morte ou pela doença." Mas isso os próprios jornais lhes dizem, pois neles descobrimos, no final do ano, que nenhum mês se passa sem que morra alguma pessoa notável, e seria difícil que assim não fosse, já que há ao menos duas mil pessoas notáveis neste Reino, muitas delas idosas, e os autores dos almanaques têm a liberdade de escolher a estação mais doentia do ano para datar sua predição. Ainda: "Este mês será promovido um eminente clérigo", dos quais há algumas centenas, metade deles com um pé na cova. Ou, então, que "Tal planeta em tal casa do Zodíaco augura grandes maquinações, conluios e conspirações que podem eventualmente ser revelados", com o que, se soubermos de alguma descoberta, o astrólogo leva a fama, se não, sua predição não deixa de se sustentar. E, por fim, "Que Deus preserve o Rei Guilherme de todos os seus inimigos, públicos e secretos, amém"; nesse caso, se o rei morrer, o astrólogo claramente previu o fato; caso contrário, trata-se apenas da pia jaculatória de um súdito leal, embora tenha desventuradamente ocorrido em alguns desses almanaques que o pobre Rei Guilherme recebeu esses votos somente muitos meses após sua morte, visto que morreu no início do ano.[3]

Deixando de lado suas impertinentes predições, que tem a astrologia a ver com seus anúncios de pílulas e remédios para doenças venéreas, ou suas mútuas querelas em verso e prosa sobre os Whigs e os Tories, coisas com as quais as estrelas têm tão pouca relação?

Por muito tempo observei e lamentei esses abusos da arte, e centenas de outros que seria muito tedioso repetir. Decidi, por fim, proceder de uma maneira nova, que será, estou certo, do agrado geral do Reino. Neste ano só posso produzir uma amostra do que planejo para o futuro, pois empreguei a maior parte de meu tempo ajustando e corrigindo os cálculos que fiz para os anos passados, não sendo minha

---

[3] Guilherme III (Guilherme de Orange), morto de uma queda de cavalo em março de 1702.

intenção dar a público algo de que não estivesse tão seguro como de que estou vivo agora. Em relação aos dois últimos anos, não falhei em mais do que um ou dois pormenores de pouca importância. Previ exatamente o desastre de Toulon,[4] com todos os seus detalhes, e a morte do Almirante Shovel,[5] embora me enganasse quanto à hora, datando o acidente 36 horas antes de sua ocorrência, erro cuja causa rapidamente descobri ao rever meus esquemas. Previ igualmente a batalha de Almanza,[6] no dia e hora exatos, com as perdas de ambos os lados, e suas consequências. Mostrei tudo isso a alguns amigos muitos meses antes que esses eventos ocorressem; isto é, entreguei-lhes cartas seladas para serem abertas nas datas previstas, após o que estavam livres para lerem-nas, e lá puderam verificar que minhas predições estavam corretas em todos os aspectos, exceto em um ou dois pontos de diminuta relevância.

---

4 Cerco de Toulon pelo Duque da Saboia em 1707.
5 Almirante Cloudesley Shovel, morto no naufrágio de toda sua frota em 22 de outubro de 1707, perto das Ilhas Scilly (Inglaterra).
6 Batalha da Guerra da Sucessão Espanhola, em 25 de abril de 1707, entre as forças anglo-portuguesas e franco-espanholas.

Quanto a estas poucas predições que agora ofereço ao mundo, abstive-me de publicá-las até que tivesse examinado os vários almanaques para o ano que acaba de se iniciar. Todos eles seguem o estilo usual, e peço ao leitor que compare a maneira deles com a minha. E com isso ouso dizer ao mundo que deposito todo o crédito de minha arte na verdade destas predições, e concordarei em ser acusado de fraude e impostura por Partridge e o resto de sua tribo se eu falhar em um único ponto de importância. Acredito que qualquer pessoa que ler este documento irá considerar-me como no mínimo tão honesto e sensato quanto os habituais fazedores de almanaques. Não me escondo na sombra, não sou completamente desconhecido no mundo, e forneci meu nome por extenso para que ele se torne uma marca de infâmia para a humanidade, se julgarem que eu os enganei.

Há um ponto em que espero ser desculpado – o de que eu fale com circunspecção dos assuntos internos do Reino; seria imprudente revelar segredos de Estado, bem como perigoso para minha pessoa. Mas, em assuntos de menor importância, sem muitas consequências públicas, falarei de forma bem livre, e a veracidade de minhas conjeturas se revelará tão bem nesses casos como nos outros. Quanto aos eventos mais marcantes no exterior, seja na França, Flandres, Itália e Espanha, não hesitarei em predizê-los em termos claros. Alguns deles são importantes e espero raramente enganar-me quanto ao dia de sua ocorrência. Penso, portanto, que é conveniente informar o leitor de que em tudo o que se segue faço uso do estilo antigo de datação observado na Inglaterra,[7] que deve ser comparado com as datas dos jornais na época em que noticiarem as ações que menciono.

Devo acrescentar ainda uma palavra. Sei que diversas pessoas instruídas, que apreciam a verdadeira arte da astrologia, são de opinião que as estrelas apenas *inclinam* e não *forçam* as ações e decisões dos homens. E, portanto, ainda que siga corretamente as regras, eu não poderia, mantendo-me nos

---

[7] Isto é, o calendário juliano, que na época se achava onze dias defasado do calendário gregoriano em vigor na maior parte do continente europeu. A Inglaterra só adotou o calendário gregoriano em setembro de 1752.

limites da prudência, assegurar confiantemente que os acontecimentos vão ocorrer exatamente como eu os prevejo.

Espero ter seriamente meditado sobre essa objeção, que em alguns casos não é de pouca importância. Por exemplo, um homem pode, pela influência de um planeta dominante, estar disposto ou inclinado para a luxúria, cólera ou avareza, e, contudo, por força da razão, sobrepujar essa influência maligna. Esse foi o caso de Sócrates. Mas, como os grandes acontecimentos do mundo usualmente dependem de um grande número de homens, não se pode esperar que todos eles se unam para impedir que suas inclinações persigam um desígnio geral com o qual concordam unanimemente. Além disso, a influência das estrelas exerce-se sobre muitas ações e acontecimentos que não estão de modo algum sob o controle da razão, como as doenças, a morte e o que comumente chamamos acidentes; além de muitas outras coisas que é desnecessário repetir.

Mas é tempo, agora, de passar às minhas predições, que comecei a calcular a partir do momento em que o Sol entra em Áries, que considero como propriamente o início do ano natural. Prossigo até o Sol atingir Libra, ou um pouco mais adiante, o que cobre o período turbulento do ano. Quanto ao restante, não pude ainda ajustá-lo, por causa de vários impedimentos que não é necessário aqui mencionar. Além disso, devo lembrar mais uma vez ao leitor que isto é apenas uma amostra do que planejo tratar mais detalhadamente nos anos seguintes, se me for dada a oportunidade e o encorajamento.

Minha primeira predição não passa de uma ninharia, contudo, vou mencioná-la para mostrar quão ignorantes são esses tolos pretendentes a astrólogos em relação aos seus próprios interesses. Ela se refere a Partridge, o fazedor de almanaques. Consultei a estrela de seu nascimento usando minhas próprias regras e descobri que ele irá morrer infalivelmente no próximo dia 29 de março, por volta das onze da noite, de uma febre violenta. Aconselho-o, portanto, a levar isto em consideração e pôr em ordem seus negócios enquanto ainda é tempo.

O mês de abril será marcado pela morte de muitas celebridades. No dia 4 morrerá o Cardeal de

Noailles, Arcebispo de Paris.[8] No dia 11, o jovem Príncipe de Astúrias, filho do Duque de Anjou. No dia 14 um grande par deste Reino morrerá em sua casa de campo. No dia 19 um velho leigo de famosa erudição. E no dia 23 um famoso ourives de Lombard Street. Poderia mencionar outros, tanto no país como no exterior, se não considerasse esses acontecimentos de muito pouca utilidade ou instrução para o leitor ou a sociedade.

Quanto aos assuntos públicos, no dia 7 desse mês haverá uma insurreição no Delfinado, causada pela opressão do povo, que levará meses para ser acalmada.

No dia 15 haverá uma violenta tempestade na costa do sudeste da França, que destruirá muitos de seus navios, vários deles no próprio cais.

O dia 19 será famoso pela revolta de toda uma província ou reino, excetuando-se uma cidade, com o que os assuntos de um certo príncipe na Aliança terão uma melhora.

Maio: contra as expectativas comuns, não será um mês muito agitado na Europa, mas muito mar-

---

[8] Na verdade, morto em Paris em 4 de maio de 1729.

cante pela morte do Delfim, que ocorrerá no dia 7, após uma curta doença e penosos tormentos devidos a um distúrbio da micção. Morre menos lamentado pela Corte que pelo Reino.

No dia 9 um Marechal de França quebrará a perna em uma queda de cavalo. Não fui capaz de descobrir se ele morrerá ou não.

No dia 11 começará um cerco importantíssimo, para o qual estarão voltados os olhos de toda a Europa. Não posso dar mais detalhes, pois, ao relatar assuntos que afetam tão de perto os confederados e, consequentemente, este Reino, sou forçado a ser discreto, por razões muito óbvias para o leitor.

No dia 15 chegarão notícias de um evento muito surpreendente, relativamente ao qual nada poderia ser mais inesperado.

No dia 19, três nobres damas deste Reino irão, contra todas as expectativas, engravidar, para grande alegria de seus maridos.

No dia 23, um famoso bufão do teatro irá morrer ridiculamente, de forma apropriada a sua vocação.

Junho: esse mês se destacará domesticamente pelo completo desbaratamento daqueles ridículos e iludidos fanáticos, comumente chamados os Profetas, causado principalmente pela chegada da época em que muitas de suas profecias deveriam ser cumpridas, vendo-se então confrontados com eventos contrários. É de admirar que algum impostor possa ser tão tolo a ponto de prever coisas tão próximas, quando basta a passagem de uns poucos meses para revelar a impostura para todo o mundo. Quanto a isso, são menos prudentes que os fazedores de almanaques, que habilmente enveredam por generalidades, falam em termos dúbios e deixam ao leitor o trabalho da interpretação.

No dia 1º desse mês, um general francês será morto por um tiro de canhão acidental.

No dia 6 ocorrerá um incêndio em um subúrbio de Paris, destruindo mais de um milhar de casas, surgindo como um presságio do que acontecerá, para surpresa de toda Europa, por volta do final do mês seguinte.

No dia 10, uma grande batalha será travada, iniciando-se às 4 horas da tarde e estendendo-se até às 9 horas da noite, exibindo grande obstinação mas com um resultado pouco definido. Não vou nomear o lugar pelas razões já mencionadas, mas os comandantes das duas alas esquerdas serão mortos. – Vejo fogueiras e ouço os ruídos dos canhões como sinal de vitória.

No dia 14 haverá uma falsa notícia da morte do Rei francês.

No dia 20, o Cardeal Portocarrero morrerá de disenteria,[9] com grande suspeita de envenenamento, mas os rumores de sua intenção de revoltar-se em favor do Rei Carlos[10] se mostrarão falsos.

Julho: no dia 6 desse mês um certo general irá, por uma ação gloriosa, recuperar a reputação que havia perdido por anteriores infortúnios.

No dia 12, um grande comandante irá morrer, prisioneiro nas mãos de seus inimigos.

No dia 14, um jesuíta francês será vergonhosamente descoberto ministrando veneno a um grande general estrangeiro. Submetido à tortura, fará notáveis revelações.

---

9 Dom Luis Manuel Fernandez de Portocarrero-Bocanegra y Moscoso-Osorio, Arcebispo de Toledo, faleceu, de fato, em 14 de setembro de 1709, em Madri.

10 Arquiduque Carlos, da casa de Habsburgo, apoiado pela Inglaterra para a sucessão espanhola.

Em suma, esse se mostrará um mês de muita ação, se ao menos eu estivesse livre para relatar os detalhes.

No país, um velho e famoso senador morrerá no dia 15, em sua casa de campo, alquebrado pela idade e doenças.

Mas o que tornará esse mês memorável para toda posteridade é a morte do Rei francês Luís XIV, em Marli, no dia 29, por volta das seis da tarde, após uma doença de uma semana de duração. Parecerá ter sido um efeito da gota em seu estômago, seguido de um refluxo.[11] E, três dias depois, Monsieur Chamillard seguirá seu mestre, morrendo subitamente de uma apoplexia.

Também nesse mês um embaixador morrerá em Londres, mas não posso indicar o dia.

Agosto: os assuntos da França parecerão não sofrer mudanças por um certo tempo, sob a administração do Duque da Borgonha. Mas a ausência do gênio que animava toda a maquinaria provocará

---

11 Luís XIV, o "Rei-Sol", ainda viveria por muitos anos, morrendo em 1º de setembro de 1715.

grandes reviravoltas e revoluções no ano seguinte. O novo rei não terá feito ainda grandes mudanças, nem no exército nem nos ministérios, mas as acusações contra seu avô que inundam sua própria Corte fazem-no sentir-se desconfortável.

Vejo um célere expresso, irradiando alegria e admiração, chegando ao alvorecer, no dia 26 desse mês, tendo percorrido em três dias uma prodigiosa jornada por terra e mar. Ao entardecer ouço sinos e canhões, e vejo a luz de mil fogueiras.

Um jovem almirante de nobre berço ganha também nesse mês honra imortal por uma grande façanha.

Os assuntos da Polônia são todos resolvidos nesse mês. Augusto abdica das pretensões que havia retomado por algum tempo; Stanislau chega pacificamente ao trono, e o Rei da Suécia pronuncia-se em favor do Imperador.

Não posso omitir um particular acidente doméstico: próximo ao fim do mês, muitos danos serão produzidos na Feira de São Bartolomeu pela queda de uma barraca.

Setembro: esse mês começa com uma surpreendente queda de temperatura que durará quase doze dias.

O Papa, tendo longamente definhado no mês anterior, os inchaços em suas pernas rompendo-se e a carne gangrenando, morrerá no dia 11 desse mês,[12] e no prazo de três semanas, após uma acirrada disputa, será sucedido por um Cardeal da facção Imperial, mas nativo da Toscana, que conta hoje sessenta e um anos.

O exército francês age agora totalmente na defensiva, bem fortificado em suas trincheiras, e o jovem Rei francês deixa entrever propostas de um tratado de paz por intermédio do Duque de Mântua, sobre o que não falarei mais, já que constitui um assunto de Estado que diz respeito a nosso país.

Acrescento apenas mais uma predição, desta vez em termos místicos incluídos em um verso de Virgílio:

---

[12] Giovanni Francesco Albani, o admirável Papa Clemente XI, morreria apenas em 19 de março de 1721.

Alter erit jam Thetys, & altera quæ vehat Argo,
Dilectos Heroas.[13]

No dia 25 desse mês, o cumprimento dessa predição ficará claro para todo o mundo.

Eis aqui o ponto mais distante a que cheguei em meus cálculos para o presente ano. Não pretendo que esses sejam todos os eventos importantes que ocorrerão no período, mas apenas aqueles cuja ocorrência pude estabelecer conclusivamente. Talvez ainda se proteste por eu não ter oferecido mais detalhes sobre os assuntos domésticos, ou sobre a fortuna de nosso exército no estrangeiro, coisa que poderia muito bem ter feito. Mas os detentores do poder sabiamente desencorajaram os homens de intrometerem-se nos assuntos de interesse público, e decidi não correr o risco de ensejar a menor ofensa. Aventuro-me a dizer que será uma campanha gloriosa para os aliados, com a qual as forças inglesas de terra e de mar conquistarão todo seu quinhão de honra,

---

13 "E então surgirá outra Tétis e outro Argo para carregar os benquistos heróis." Virgílio, *Éclogas*, IV, 34-35. Swift colocou Tétis, uma deusa do oceano, no lugar de Tífis, timoneiro do Argo.

que Sua Majestade a Rainha Ana continuará a gozar de saúde e prosperidade, e que nenhum acidente ocorrerá a nenhum dos principais ministros.

Quanto aos eventos particulares que relatei, os leitores poderão julgar, por seu cumprimento, se estou no mesmo nível que os astrólogos comuns, que, com seu velho e desprezível jargão e alguns pendurícalhos no lugar de planetas para divertir o vulgo, já foram, em minha opinião, demasiadamente tolerados em sua exploração das pessoas. Mas não se deve desprezar um médico honesto só porque existem charlatães. Espero ter alguma parcela de reputação, que não arriscaria voluntariamente em travessuras e brincadeiras bem-humoradas. E acredito que nenhum cavalheiro que ler estes papéis vai considerá-los como da mesma lavra e molde que os rabiscos que são todos os dias apregoados nas ruas. Minha fortuna colocou-me acima do mesquinho interesse de escrever por alguns centavos, que não valorizo nem desejo. Que os homens sábios não se apressem, portanto, a condenar este Ensaio, que visa ao nobre objetivo de cultivar e aperfeiçoar uma antiga arte, há longo tempo em desgraça por ter caído em mãos rudes e inábeis. Um pouco de tempo bastará para determinar se enganei a outros ou a mim mesmo, e creio que é razoável pedir aos homens que se disponham a suspender seu juízo até então. Fui outrora da mesma opinião dos que desprezam todas as predições das estrelas, até que, no ano de 1686, um gentil-homem mostrou-me, escrito em seu álbum, que o mais erudito astrônomo, Capitão Hally, assegura-lhe que jamais acreditaria em nada acerca da influência das estrelas se não ocorresse uma grande revolução na Inglaterra no ano de 1688. Desde essa época comecei a mudar de opinião, e, após dezoito anos de diligente estudo e dedicação, julgo que não tenho razões para arrepender-me de meus esforços. Não vou deter mais o leitor senão para dizer-lhe que o relato que pretendo fazer dos acontecimentos do próximo ano tratará principalmente dos assuntos que acontecem na Europa. E, se me for negada a liberdade de oferecê-lo a meu país, dirigir-me-ei ao mundo ilustrado publicando-o em latim e fazendo-o imprimir na Holanda.

Cumprimento da primeira predição do sr. Bickerstaff
Um relato da morte do Sr. Partridge, o escritor de almanaques, em 29 do corrente Em uma Carta a uma pessoa de distinção

Senhor,

Obedecendo ao comando de Vossa Excelência, bem como para satisfazer minha própria curiosidade, informei-me regularmente nos últimos dias acerca de Partridge, o autor de almanaques, sobre quem foi previsto, nas Predições do Sr. Bickerstaff, publicadas há um mês, que morreria no dia 29 do corrente, por volta das onze da noite, de uma febre violenta. Travei conhecimento com ele no período em que trabalhei na Receita, porque todo ano ele costumava presentear a mim e a outros cavalheiros com seu almanaque, como retribuição por uma pequena gratificação que lhe demos. Vi-o por acaso uma ou duas vezes dez dias antes de sua morte, e pude observar que se mostrava visivelmente cabisbaixo e abatido, embora tenham-me dito que seus amigos não pareciam considerá-lo em perigo. Há uns dois ou três dias ele adoeceu, recolheu-se ao seu quarto e algumas horas depois à sua cama, onde o Dr. Case e o Sr. Kirleus[1] foram chamados para visitá-lo e atendê-lo. Sabendo disso, enviei três vezes por dia algum criado para indagar de sua saúde, e ontem, por volta das 4 da tarde, recebi a notícia de que ele estava nas últimas, o que me persuadiu a visitá-lo, em parte por pena e, confesso, em parte por curiosidade. Reconheceu-me perfeitamente, pareceu surpreso com minha gentileza e agradeceu-me tão bem quanto possível na condição em que estava. As pessoas ao redor disseram que ele estivera por algumas horas tomado de delírios, mas, quando eu o vi, estava tão lúcido quanto em qualquer outra ocasião, e falou-me com clareza e vigor, sem aparentar qualquer desconforto ou embaraço. Depois de lhe dizer que me entristecia vê-lo nessas melancólicas circunstâncias,

---

[1] Dois famosos charlatães da época, em Londres.

e outras frases polidas adequadas à situação, pedi-lhe que me dissesse de forma livre e franca se as predições que o Sr. Bickerstaff publicara relativamente a sua morte não o teriam afetado e influído sobre sua imaginação. Ele admitiu que pensara nelas frequentemente, mas sem ficar muito apreensivo, até duas semanas atrás, quando se apoderaram permanentemente de seu espírito e pensamentos, e ele realmente acreditava que eram a causa natural de sua presente enfermidade. Pois, disse ele, estou de todo convencido, e penso que por boas razões, de que o Sr. Bickerstaff falou inteiramente a esmo, e não sabia mais do que eu mesmo o que vai acontecer este ano. Disse-lhe que suas palavras me surpreendiam e que muito me agradaria que pudesse dizer-me por que estava convencido da ignorância do Sr. Bickerstaff. Respondeu-me, sou um pobre homem ignorante, nascido para um ofício sórdido, mas tenho juízo o bastante para saber que todas as supostas previsões da astrologia são engodos, pela evidente razão de que os sábios e instruídos, que são os únicos que podem julgar se há alguma verdade nessa ciência, concordam unanimemente em ridicularizá-la e desprezá-la, e é só o pobre vulgo ignorante que lhe dá algum crédito, e isso apenas com base na palavra de pobres coitados como eu e meus colegas, que mal sabem ler ou escrever. Perguntei-lhe então por que não havia calculado seu próprio horóscopo, para ver se concordava com as predições de Bickerstaff, ao que ele sacudiu a cabeça dizendo, Oh! Senhor, esta não é hora de gracejar, mas de arrepender-me dessas loucuras, como faço agora do fundo de meu coração. Do que depreendo, disse-lhe eu, que as observações e predições que imprimíeis em vosso almanaque eram meras imposturas destinadas a enganar o público. Ele respondeu, se fossem outra coisa, eu teria menos de que me arrepender. Temos certas formalidades comuns para todas essas coisas; com relação à previsão do tempo, nunca nos envolvemos com ela, mas deixamo-la a cargo do impressor, que a copia de qualquer velho almanaque a sua escolha. O resto era tudo de minha própria invenção, para fazer vender meu almanaque, pois tenho uma esposa para sustentar e nenhuma outra forma de ganhar meu pão, já que remendar sapatos velhos é um precário meio de vida. E (acrescentou suspirando) espero que não tenha feito mais danos com minha medicina que com minha astrologia, embora tenha obtido algumas boas receitas de minha avó e meus preparados, segundo creio, ao menos não fazem mal.

Discuti com ele mais algumas coisas que agora não me vêm à mente, mas temo já ter cansado Vossa Excelência. Acrescento apenas uma circunstância, que em seu leito de morte ele se declarou um não conformista,[2] tendo um pregador fanático como guia espiritual. Depois de meia hora de conversa, pedi licença para retirar-me, não suportando mais o quarto estreito e abafado, e dirigi-me para um café nas proximidades, deixando na casa um criado com ordens de vir imediatamente informar-me, tão precisamente quanto possível, do exato momento da morte de Partridge, o que ocorreu menos de duas horas mais tarde. Olhando meu relógio, vi que eram sete horas e cinco minutos, o que mostra que o Sr. Bickerstaff enganou-se em quase quatro horas em seus cálculos. Quanto aos outros aspectos, ele foi suficientemente exato. Mas que ele tenha sido a causa

---

2 Um dissidente da Igreja da Inglaterra.

da morte desse pobre homem, além de tê-la prevista, é algo que se pode razoavelmente discutir. Seja como for, é preciso reconhecer que todo o assunto é bastante estranho, quer tentemos explicá-lo pelo acaso ou pelo efeito da imaginação. De minha parte, embora creia que ninguém duvida mais dessas coisas do que eu, aguardarei com impaciência e não sem expectativa o cumprimento da segunda predição do Sr. Bickerstaff, a de que o Cardeal de Noailles morrerá no dia 4 de abril, e, se isso se verificar tão exatamente como no caso da morte do pobre Partridge, confesso que ficarei profundamente surpreso e perplexo, e esperarei o cumprimento infalível de todo o resto.

Uma defesa de Isaac Bickerstaff, esq.
Contra as objeções que lhe fez o Sr. Partridge em seu almanaque do presente ano de 1709 Pelo mencionado Isaac Bickerstaff, Esq.

O Sr. Partridge decidiu recentemente tratar-me de maneira muito rude nesse que denomina seu Almanaque para o presente ano. Tal tratamento é muito pouco decente de um cavalheiro para outro e em nada contribui para a descoberta da verdade, que deveria ser o grande objetivo em todas as disputas entre homens instruídos. Chamar um homem de tolo, vilão e desavergonhado só por discordar dele em um ponto meramente especulativo é, em minha modesta opinião, um estilo muito impróprio para uma pessoa de sua educação. Apelo à sociedade educada para que considere se, em minhas predições para o ano passado, dei o mínimo ensejo para tão indigno tratamento. Filósofos discordaram em todas as épocas, mas os mais judiciosos dentre eles sempre discordaram do modo como convém a filósofos. Uma linguagem provocativa e emocional em uma controvérsia entre estudiosos em nada contribui para o objetivo e é, no máximo, a admissão de que a causa é fraca. O que me preocupa não é tanto minha própria reputação, mas a da República das Letras, que o Sr. Partridge agrediu através de mim. Se homens de espírito público devem ser tratados com desdém por suas sinceras tentativas, como se fará progredir o verdadeiro e útil conhecimento? Desejaria que o Sr. Partridge soubesse as opiniões que Universidades estrangeiras formaram de seus mesquinhos procedimentos contra mim, mas tenho muita consideração por sua reputação para dá-las a público. O espírito de inveja e orgulho que destrói tantos gênios nascentes em nossa nação é ainda desconhecido entre professores no estrangeiro. A necessidade de justificar-me desculpará minha vaidade se eu disser ao leitor que tenho quase uma centena de cartas de congratulação, provenientes de diversas partes da Europa (algumas até mesmo de Moscóvia), elogiando meu desempenho; além de muitas outras que, segundo informações confiáveis, foram abertas nos Correios e jamais enviadas para mim.* É verdade que a Inquisição em Portugal julgou conveniente queimar minhas Predições e condenar o autor e seus leitores, mas espero que se levará em conta quão deplorável é a situação presente do saber naquele Reino. E, com a mais profunda veneração pelas cabeças coroadas, tomo a liberdade de acrescentar que pouco interessou a sua Majestade de Portugal interpor sua autoridade em benefício de um estudioso e cavalheiro, súdito de uma nação com a qual ele está agora em tão estreita aliança. Mas os outros reinos e Estados da Europa trataram-me com mais lisura e generosidade. Se tivesse a licença de imprimir as cartas em latim remetidas para mim do exterior, elas preencheriam um volume e formariam uma completa defesa contra tudo o que o Sr. Partridge e seus cúmplices da Inquisição portuguesa forem capazes de objetar; os quais, aliás, foram os

---

* Isto é um fato, como assegurou ao autor Sir Paul Methuen, então embaixador designado para aquela Coroa.

únicos detratores que minhas Predições encontraram no país e fora dele. Mas espero estar bem consciente de minhas obrigações de honra em relação a uma correspondência erudita, em uma questão tão sensível. Contudo, algumas dessas ilustres pessoas talvez me perdoem por transcrever uma ou duas passagens em minha própria defesa. O douto Sr. Leibniz* assim se dirigiu a mim em sua terceira carta: *Illustrissimo Bickerstaffio Astrologiæ Instauratori*, &c. Monsieur le Clerc, citando minhas Predições em um tratado que publicou no ano passado, não hesitou em afirmar *Ità nuperime Bickerstaffius magnum illud Angliæ sidus*. Outro grande professor, escrevendo sobre mim, usou estas palavras: *Bickerstaffius, nobilis Anglus, Astrologorum hujusce Seculi facilè Princeps*. Signior Magliabecchi, famoso bibliotecário do Grão-Duque, gasta quase toda sua carta em cumprimentos e elogios. É verdade que o renomado professor de Astronomia de Utrecht parece discordar de mim

---

* As citações aqui inseridas constituem uma imitação do que fez o Dr. Bentley, em algumas passagens da famosa controvérsia entre ele e Charles Boyle, Esq.; mais tarde Conde de Orrery.

em um ponto, mas da maneira modesta que convém a um filósofo, como, *Pace tanti viri dixerim*[1] e, na página 55, ele parece atribuir o erro ao impressor (como de fato se deve) e diz, *vel forsan error Typographi, cum alioquin Bickerstaffius vir doctissimus,* &c.

Se o Sr. Partridge tivesse seguido esses exemplos em nossa controvérsia, poderia ter-me poupado o trabalho de justificar-me de maneira tão pública. Acredito que poucos homens estão mais prontos a reconhecer seus erros que eu, ou são mais gratos aos que se dignam a informá-los deles. Mas parece que esse cavalheiro, em vez de encorajar o progresso de sua própria arte, enxerga todas as tentativas nesse sentido como invasões de sua província. Ele foi, de fato, prudente o bastante para não fazer objeções contra a verdade de minhas predições, exceto em um único caso, referente a si mesmo. E, para demonstrar quanto os homens se deixam cegar por sua própria parcialidade, asseguro solenemente ao leitor que ele foi a *única* pessoa de quem alguma vez ouvi essa

---

[1] "Seja dito sem ofender um tão grande homem."

objeção, uma consideração que, segundo penso, basta para retirar-lhe todo o peso.

Apesar do máximo esforço, não fui capaz de rastrear duas objeções feitas contra a verdade de minhas profecias do ano passado. A primeira é a de um francês, a quem aprouve afirmar ao mundo que o Cardeal de Noailles ainda estava vivo, apesar da suposta profecia de Monsieur Biquerstaffe. Mas em que medida um francês, um papista e um inimigo devem receber crédito em causa própria contra um protestante inglês fiel ao governo, eis algo que deixo à discrição do leitor sincero e imparcial.

A outra objeção constitui o desditoso motivo deste discurso, e refere-se a um artigo de minhas predições, que previa a morte do Sr. Partridge, em 29 de março de 1708. Isso foi contradito absolutamente por ele no almanaque que publicou para o presente ano, e da maneira pouco cavalheiresca que acima descrevi. Nesse trabalho ele afirma redondamente *que não apenas está vivo agora, mas estava igualmente vivo no exato dia 29 de março, em que eu havia previsto que ele morreria.* Esse é o cerne da presente controvérsia entre nós, que pretendo tratar com toda brevidade, perspicácia e tranquilidade. Estou consciente de que, nesta disputa, os olhos, não apenas da Inglaterra, mas de toda Europa, estarão pousados sobre nós. E os sábios de todos os países, não duvido, irão tomar partido do lado em que encontrarem a maior e mais sólida aparência de razão e de verdade.

Sem adentrar em críticas de cronologia quanto à hora de sua morte, vou apenas provar que o Sr. Partridge não está vivo. E meu primeiro argumento é este: mais de mil cavalheiros, tendo comprado seu almanaque deste ano com o único objetivo de ler o que ele dizia contra mim, a cada linha que liam erguiam os olhos para o alto e gritavam, num misto de cólera e riso, *que estavam certos de que nenhum ser vivo jamais escreveu algo tão execrável*. E essa é uma opinião que eu nunca ouvi questionada. De modo que o Sr. Partridge está diante do dilema de ou renegar seu almanaque ou admitir que não é um *ser vivo*.

Em segundo lugar, a morte é definida por todos os filósofos como uma separação entre o corpo e a alma. Ora, sabe-se que sua pobre esposa, que tem todas as razões para saber do que fala, percorreu por um tempo cada rua da vizinhança e jurou aos bisbilhoteiros *que seu marido não tinha em si nem vida nem alma*. Portanto, se uma carcaça disforme continua a andar por aí pretendendo chamar-se Partridge, isso é algo pelo que o Sr. Bickerstaff não se considera de modo algum responsável. Tampouco tem a dita carcaça nenhum direito de agredir o pobre jornaleiro que cruzou com ela gritando *Notícias completas e verídicas da morte do Dr. Partridge, &c.*

Em terceiro lugar, o Sr. Partridge pretende ler sortes e recobrar bens roubados, o que todos os párocos afirmam que ele deve fazer em conluio com o demônio ou outros espíritos malignos. E nenhum homem educado jamais admitirá que se pode conversar pessoalmente com esses espíritos, a menos que esteja morto.

Em quarto lugar, provarei claramente que ele está morto com base em seu próprio almanaque deste ano, e da própria passagem que ele produziu para fazer-nos pensar que está vivo. Lá ele diz *que não apenas está vivo* agora, *mas estava também vivo no exato dia 29 de março, data em que eu havia previsto que ele morreria*. Com isso ele afirma sua opinião de que um homem pode estar vivo *agora* sem que estivesse vivo doze meses atrás. E, de fato, aí está o sofisma de seu argumento. Ele não ousa afirmar que está vivo *desde* o dia 29 de março, mas apenas *que está vivo agora, e estava vivo naquele dia*. Admito essa última parte, pois ele só morreu à noite, como está dito no relato impresso de sua morte, em *Carta a um Lorde*; mas deixo aos leitores decidir se ele ressuscitou desde essa época. De fato, isso não passa de rematada cavilação, e causa-me vergonha deter-me mais nesse assunto.

Em quinto lugar, apelo ao próprio Sr. Partridge para que me diga se é plausível que eu fosse tão imprudente a ponto de iniciar minhas Predições com a *única* falsidade que alguma vez se alegou haver nelas, e isso em um assunto doméstico, no qual tive tantas oportunidades de ser exato, e a ponto de prover tantas vantagens contra mim a uma pessoa tão talentosa e instruída como o Sr. Partridge, o qual, se lhe tivesse sido possível levantar uma *única* objeção adicional contra a verdade de minhas profecias, dificilmente ter-me-ia poupado.

E aqui devo aproveitar a oportunidade de censurar o já mencionado autor do relato da morte do Sr.

Partridge, na *Carta a um Lorde*, que me atribuiu um erro de quatro horas nos cálculos desse acontecimento. Devo confessar que não foi pequena a comoção que me produziu essa censura, emitida com ar de certeza, em um assunto que me concerne tão de perto e por um autor grave e judicioso. Mas, embora eu estivesse à época fora da cidade, vários de meus amigos, cuja curiosidade os levara a se informar precisamente (pois, de minha parte, não tendo nenhuma dúvida sobre o assunto, não pensara nele uma única vez), asseguraram-me que o desvio de minhas contas foi de menos de meia hora, o que (para dar minha opinião pessoal) não é um erro tão grande que as pessoas devam dele se queixar. Digo apenas que não seria mau que aquele autor fosse doravante mais sensível à reputação de outros homens, bem como à sua própria. É bom que não tenha havido mais erros desse tipo; se os houvesse, presumo que ele os teria denunciado com igual falta de cerimônia.

Há uma objeção contra a morte do Sr. Partridge com a qual deparei algumas vezes, embora sempre apresentada muito superficialmente: o fato de que ele continua a escrever almanaques. Mas isso não passa de algo comum a todos dessa profissão: Gadbury, Poor Robin, Dove, Wing e vários outros publicam anualmente seus almanaques, embora alguns deles estejam mortos desde antes da Revolução. Ora, considero que a razão natural disso é que, enquanto é um privilégio dos autores viver após suas mortes, os fazedores de almanaques são os únicos excluídos desse privilégio, porque suas dissertações, ao tratarem apenas dos minutos enquanto passam, tornam-se inúteis quando estes se esgotam. Em consideração a isso, o Tempo, de que eles são arquivistas, faz com eles um contrato reverso e lhes permite continuar seu trabalho depois de mortos. Ou, quem sabe, um nome possa *fazer* um almanaque, tão bem quanto pode *vender* um. E, para reforçar essa conjetura, ouvi livreiros afirmarem que desejariam que o Sr. Partridge se poupasse de mais incômodos e apenas lhes cedesse seu nome, o qual poderia fazer almanaques muito melhor que ele próprio.

Não teria dado ao público ou a mim mesmo o aborrecimento desta defesa se meu nome não tivesse sido usado por muitas pessoas às quais eu não o emprestei, uma das quais, há poucos dias, deu-me a paternidade de um novo conjunto de predições.[2] Mas penso que essas são coisas demasiado sérias para serem menosprezadas. Partiu-me o coração ver os resultados de meu trabalho, que me custaram tanto pensamento e observação, apregoados nas ruas por vulgares mascates de Grub Street, quando na verdade eu os destinara apenas à grave consideração das mais sérias pessoas. Isso produziu inicialmente um tal preconceito que vários de meus amigos tiveram a ousadia de me perguntar se eu estava gracejando. Ao que apenas respondi friamente que o tempo iria mostrar. Mas é o talento de nossa era e de nossa nação ridicularizar as coisas da maior importância. Quando o fim do ano *confirmou todas as minhas predições*, lá veio o almanaque do Sr. Partridge, contestando o dado de sua morte, obrigando-me a tratar novamente do assunto, como o general que teve de matar duas vezes seus inimigos, que um necromante havia ressuscitado. Se o Sr. Partridge praticou em si

---

[2] Sir Richard Steele (1672-1729), ensaísta, político e dramaturgo irlandês, apropriou-se do nome de Bickerstaff para seu periódico *The Tatler*, que começou a publicar em 1709, para o qual o próprio Swift escreveu alguns textos.

próprio o mesmo experimento, e está de novo vivo, assim poderá continuar por muito tempo, mas isso não contradiz minimamente minha veracidade. Pois acredito que provei, por uma inabalável demonstração, que ele morreu no máximo dentro de um intervalo de meia hora em relação ao que eu havia predito.

SOBRE O LIVRO

Formato: 11,5 x 18 cm
Mancha: 19,6 x 38 paicas
Tipologia: Adobe Jenson Regular 13/17
Papel: Pólen Soft 90 g/m² (miolo)
Couché 120 g/m² encartonado (capa)
1ª edição: 2005
1ª reimpressão: 2012

EQUIPE DE REALIZAÇÃO

Coordenação Geral
Sidnei Simonelli

Produção Gráfica
Anderson Nobara

Edição de Texto
Túlio Kawata (Preparação de Original)
Sandra Garcia Cortes e
Elizete Mitestaines (Revisão)
Lilian Garrafa (Atualização Ortográfica)

Diagramação
Casa de Ideias

Capa
Moema Cavalcanti